RÉPONSE

DU CITOYEN BESSON,

EX-REPRÉSENTANT DU PEUPLE,

Au libelle intitulé : *Premiere Notice sur les causes de la réaction dans le Département du Doubs, par P. J. Briot, siégeant au conseil des Cinq-cents.*

Je n'aurais dû peut-être répondre que par le mépris le plus profond aux calomnies de Briot, et attendre avec sécurité la justice que l'opinion publique saura faire de son libelle.

Mais le caractere de représentant du peuple dont il se couvre, pour donner plus de confiance à ses assertions mensongeres, me force à rompre le silence.

Je ne me récriminerai pas; je laisse à ceux qui ont une connaissance plus particuliere de la moralité et de la conduite politique de Briot, à tracer le tableau d'après lequel on pourra juger du degré de confiance qu'il mérite.

Je démontrerai seulement la fausseté des faits qu'il m'impute; j'opposerai dans ma réponse le calme et la modération qui caractérisent la vérité, à la passion qui dicte la calomnie dans l'écrit de Briot.

Il me prend avant la révolution, et me conduit de délit en délit jusqu'à ce moment. Je retracerai en peu de mots la route que j'a suivie, et je mettrai en évidence, pour ceux qui ne m'ont pas connu, ce qui est notoire dans mon département, soit sur ma fortune, soit sur ma conduite.

Avant la révolution, je possédais, comme je possede encore aujourd'hui, un domaine appelé Norvaux, situé dans la commune d'Amancey, chef-lieu d'un canton du département du Doubs. Il consiste en cent hectares (deux cents arpens) de terre, cinquante hectares (cent arpens) de bois taillis, quatre moulins à bled, moulins à planche, à huile, martinets. J'ai acheté depuis la révolution quinze hectares (trente arpens) de prés, et neuf hectares (dix-huit arpens) de bois taillis enclavés dans mon domaine et provenant d'un émigré, pour la somme de quinze mille francs; j'ai vendu pour payer cette acquisition des vignes que je possédais à Salins dont j'ai tiré dix-sept mille francs, de sorte qu'au moyen de ce remplacement, j'ai réuni à mon domaine tous les biens que je possede.

J'avais acquis en société avec le citoyen Catoire une maison au Gros-Caillou, pour vingt mille francs. J'étais intéressé pour un tiers dans cette acquisition et dans la verrerie que nous y avons établie. Le citoyen Catoire a fait tous les fonds, à charge par moi de lui faire état de mon tiers, de donner des soins et de surveiller l'établissement. La cherté des matieres premieres et la rareté du numéraire ayant augmenté les dépenses de fabrication et ralenti le débit, nous avons été forcés de renoncer à cette entreprise, et de vendre l'établissement. Ce que j'en retirerai pour mon compte ne couvrira pas les avances que le citoyen Catoire a faites pour moi; ainsi disparaît la brillante fortune que Briot suppose que j'ai placée dans cette entreprise; et le luxe qu'il prétend que j'y affectais, consistait dans l'éclat du cristal qu'on y fabriquait.

Je me retrouve donc avec ma propriété telle qu'elle existait avant la révolution; elle suffisait avec mon état de notaire, à mon existence et à celle de ma famille; elle y suffirait encore aujourd'hui, si les circonstances me permettaient de me livrer à mon goût naturel pour la retraite, dans cet endroit qui a pour moi les charmes qu'on ne trouve que dans la solitude, après dix ans d'agitation. Et je déclare que je cede à Briot tous les millions qu'il dit que j'ai acquis, dans quelque lieu qu'il les découvre : mais quoique son imagination se repaisse de faits controuvés, je doute que son ambition se satisfasse de richesses imaginaires.

A l'époque de la révolution, âgé d'environ trente ans, honoré de la confiance publique, j'exerçais depuis plus de sept ans mes fonctions de notaire.

Mes concitoyens me chargerent en 1789 de la rédaction de leur cayer de doléance; je fus nommé électeur par les députés des communes; à la premiere formation de la garde nationale de ma commune, j'en fus élu le chef.

A l'établissement des municipalités, mes concitoyens m'appelerent aux fonctions de maire.

Lors de la formation des premieres assemblées primaires, je fus élu président de celle de mon canton, nommé par elle électeur, nommé par l'assemblée électorale, membre du conseil-général du département, choisi par le conseil-général pour faire partie de son directoire.

En 1791, je fus encore président de l'assemblee primaire de mon canton, nommé par elle électeur; et par l'assemblée électorale, membre de l'assemblée législative. En 1792, l'assemblée électorale de mon département me nomma membre de la convention nationale; elle me réélut en l'an IV.

Je fus également élu en l'an IV, par les assemblées électorales des départemens où j'avais été en mission, tels que la Gironde, la Meurthe et le Jura.

Depuis 1791, je n'ai pas pu jouir de l'avantage d'exercer mes droits de citoyen dans mon canton, puisque j'ai été sans interruption membre du corps législatif : je me suis empressé de m'y rendre au premier germinal, et j'ai eu la satisfaction de retrouver dans mes concitoyens, la même affection et la même confiance dont ils m'avaient constamment honoré. Les calomnies que Briot vient de répandre contre moi, et qu'il a eu soin de faire parvenir jusqu'à eux, n'ont excité d'autres sentimens que ceux de l'indignation. Ils m'ont nommé à la presqu'unanimité président de l'assemblée primaire, et membre de l'assemblée électorale. C'est ainsi que les bons citoyens savent répondre à l'insolence des calomniateurs.

Briot cherche à jetter du louche sur ma conduite administrative au département du Doubs, il cite un arrêté du 20 décembre 1792, à-peu-près ainsi conçu : « Le conseil du département » du Doubs considérant qu'il s'est trouvé perdus » 1 habit, 25 vestes et 19 culottes dans la distribution de l'habillement du premier bataillon » du Doubs, que le citoyen Besson était chargé » de surveiller la distribution de ces habits dans » le tems ; qu'il aurait dû prendre les précautions nécessaires pour ne rien perdre, qu'en

» conséquence, il était responsable de la perte :
» arrête : qu'il sera tenu de payer la somme
» de 348 liv. 4 sous, à laquelle est évalué le
» prix des habits dont il s'agit. »

Voilà sans doute un beau commencement de fortune, ou un beau fond de friperie, car il s'agit ici des habits égarés dans la distribution et non pas même de la somme qui les représente : je ne parlerai pas des motifs qui ont dicté cet arrêté, on les devine aussi bien que ceux de Briot qui le cite.

Mais si en parcourant les registres du département pour faire cette découverte, il avait eu la bonne foi d'y voir tout ce qui est relatif à cette affaire :

Il y aurait remarqué d'abord que je n'étais point seul commissaire chargé de surveiller l'habillement des volontaires du premier bataillon du Doubs ; que l'arrêté du département du... .... me nomme conjointement avec le citoyen Quirot, son collegue, qui était alors le mien dans l'administration ; que le district avait également nommé pour le même objet qui était extrêmement pressant, le citoyen Bassot, l'un de ses membres.

Il aurait vu dans les pieces, que les bons de délivrance sont signés, les uns, de Bassot, les autres de Quirot ou de moi.

Je n'étais point sans doute le garde-magasin de ces habits.

Lorsque je partis pour l'assemblée législative en septembre 1791, cette affaire n'était pas terminée; je laissai à mes co-commissaires Quirot et Bassot, toutes mes notes, et ils se chargerent comme il était naturel, de rendre le compte.

C'est plus d'un an après, c'est quelque tems après les élections à la convention nationale, que le département nomme des commissaires pour examiner cette comptabilité. Ces commissaires n'entendent personne, ils font leur compte seuls; il en résulte suivant eux, le déficit des habillemens dont je viens de parler : et quoique je ne sois que le troisieme commissaire, quoique je sois parti avant que cette affaire ne fût terminée, quoique j'aie laissé toutes les pieces à mes deux collegues, on ne parle point d'eux, et on arrête que je rendrai 348 liv. 4 sous.

Le président du département me donna connaissance de cet arrêté, en me disant qu'il avait passé contre son avis et ses observations.

J'écrivis à l'administration pour lui témoigner mon étonnement de l'irrégularité de sa marche, lui prouver qu'on ne pouvait point m'imputer le déficit dont on se plaignait, et l'inviter à rapporter son arrêté injuste, etc.

Ma lettre est enregistrée au département, à la date du 2 janvier 1793.

Sans doute, les administrateurs ont senti que mes moyens de défense détruiraient entiérement l'opinion défavorable qu'ils avaient l'intention de répandre sur mon compte; ils n'ont donné aucune suite à cette affaire; j'ai pensé qu'ils avaient, par de nouvelles vérifications, retrouvé le déficit dont ils se plaignaient, je n'en ai pas ouï parler depuis. On voit par cette explication dont l'exactitude est authentiquement constatée, avec quelle perfidie Briot cherche quelques prétextes de m'inculper.

Il dit en note, page 9 de son libelle, qu'un de mes cousins avait fait quelques travaux comme commissaire à terrier pour des moines, que je me suis rendu le rapporteur de cette affaire, que je lui avais fait allouer 4000 francs, mais que mes collegues s'étant apperçus que je les avais trompés, avaient réduit cette somme à 400 francs et avaient cru être généreux.

Il est vrai qu'un citoyen Besson, mon parent, a reclamé le prix des travaux qu'il avait faits pour une abbaye, avant la révolution, et desquels il résultait une augmentation de domaine national; cette réclamation se trouvait dans les attributions du bureau dont j'étais chargé, le secrétaire m'avait inscrit comme rapporteur en marge du registre, de même que pour les autres affaires renvoyées à ce bureau.

Mais il est faux que je m'en sois chargé, c'est le citoyen Monnot, ex-représentant du peuple, alors administrateur, qui en fit le rapport; son nom fut à ma demande substitué au mien, en marge du registre, le rapport y est signé de lui; il fit allouer au citoyen Besson une somme de 2000 francs et non pas une de 4000 francs, comme le dit le véridique Briot.

Mes opinions au corps législatif, l'intérêt que j'ai pris à mes concitoyens, dans les momens où j'ai pu leur donner des marques d'attachement sont connus; ce n'est pas ce que Briot peut en dire, qui induira en erreur mes anciens collegues et mes concitoyens, je me flatte que le plus grand nombre m'ont accordé leur estime ce n'est pas sur la parole de Briot, qu'ils me la retireront. J'avoue que j'ai refusé de m'intéresser à la demande de mon ex-collegue Michaud, pour faire obtenir à Briot une dispense de rejoindre l'armée comme réquisitionnaire, cela ne l'a pas empêché de *rester dans l'intérieur.*

Je fus chargé avec mon collegue Robin, de l'Aube, de surveiller la vente du mobilier de Rambouillet; elle s'est très-bien faite et avec peu de dépense; le compte en fut rendu, il est approuvé par le ministre des finances comme il devait l'être.

Mais le mobilier d'une halte de chasse n'est pas assez important pour que Briot m'accuse de m'en être emparé : c'est le riche mobilier de Versailles qu'il me fait vendre sans rendre compte.

Peut-on avoir le front de mentir aussi impudemment, à ceux-même qui ont une parfaite connaissance des faits !

Qui ignore à Paris et à Versailles, la mission de Charles de la Croix, et de Musset qui ont été chargés de surveiller la vente de ce mobilier !

Mais Briot n'écrivait pas seulement pour Paris, il écrivait pour les habitans des campagnes de mon département ; il pensait qu'en me présentant comme voleur d'effets de la république, il m'enleverait leur confiance ; mais ils me connaissent; mais ils connaissent Briot, et cette perfidie n'a produit aucun effet. Comment peut-il me supposer tant d'intelligence pour travailler à ma fortune, et en même tems la mal-adresse de m'approprier les fonds de la république, à la face du gouvernement, qui peut en tout tems vérifier des comptes? je ne crains sur mes dépenses en mission ni la censure de Briot, ni celle d'aucun autre. Si j'y avais affiché le luxe et l'insolence d'un proconsul, comme il le prétend, on n'aurait pas attendu quatre ans à en porter des plaintes. Tous les départemens où j'ai été envoyé ont rendu témoignage de ma bonne conduite dans le tems, et c'est après quatre ans que s'éleve une seule voix contre mes opérations, et c'est celle de Briot! Ne pouvant trouver aucun fait à me reprocher dans les départemens où s'étendait ma mission, il prétend que je me suis emparé de celle du Doubs que je n'avais pas; mais je le mets au défi de citer un seul arrêté pris par moi dans ce département. Étant dans le Jura avec mes collegues Sevestre, Pelletier et Foucher, du Cher, je suis venu, à leur invitation, passer quelques jours à Besançon avec eux; j'ai assisté, comme citoyen, à des assemblées qu'ils ont convoquées et présidées; je n'y ai jamais parlé que comme citoyen et après avoir obtenu la parole. Je me rappelle fort bien qu'à une assemblée du soir, un homme ivre étant venu trouver l'assemblée, insulter les représentans du peuple, je fis la proposition de l'envoyer en prison pour vingt-quatre heures, et que les représentans présens l'y envoyerent; je demandai moi-même après la séance qu'on le mît en liberté et qu'il allât coucher chez lui, ce qui fut fait. J'ignore absolument qu'elles raisons ont porté Saladin à le destituer; il est bien évident que je ne pouvais proscrire personne, arrêter personne dans un département pour lequel je n'avais point de pouvoirs, et où il y avait trois représentans du peuple en mission; aussi, à quoi se réduisent les grandes proscriptions que Briot voudrait m'imputer? A un homme ivre, qui passe deux heures en prison! Qu'il cite un seul acte réactionnaire durant ma mission dans un département! mais il veut me rendre responsable des opérations de ceux qui m'ont succédé, non pas même immédiatement, car il ne dit rien de Bailly qui m'a suivi, et que je n'ai cependant pas vu. J'étais *l'indicateur et le valet de Saladin!* qui est venu après Bailly : dans le tems que Saladin était dans le Jura, j'étais à Bordeaux. Que Briot cite un mot que j'aie écrit à Saladin! Il a presque partout destitué ceux que j'avais mis en place. *J'ai répandu dans mon département sa motion* sur les décrets des 5 et 13 fructidor. Il n'y a pas d'expression pour peindre un homme qui se permet des calomnies aussi atroces; moi, dont l'opinion sur ces décrets était connue à la convention, qui ai vôté dans un sens opposé à celui de Saladin, j'ai distribué sa motion incendiaire! Jusques à quand sera t-il permis de tout écrire sans rien prouver? Il faut donc que je me contente de répondre à Briot, qu'il est un impudent menteur.

Mais il fallait populariser cette diffamation;

Briot sent que le public s'attachera davantage encore à des calomnies où son intérêt pécuniaire paraîtra compromis. *Le sel* est une denrée de premiere nécessité ; tous les citoyens en achetent chaque jour ; c'est sur cet objet qu'il débite les impostures les plus perfides.

J'ai été envoyé dans les salines en l'an III ; elles étaient alors dans un si mauvais état, la fabrication était tellement diminuée, qu'elles ne fournissaient pas le quart des contingens nécessaires aux communes. Chacun se souvient qu'à cette époque on ne pouvait avoir de sel ; j'y ai ramené l'ordre et l'activité, j'ai augmenté les traitemens qui ne suffisaient plus à l'existence des ouvriers, à cause du discrédit des assignats ; les mesures que j'avais prises ont été suivies en l'an IV, et jamais les salines ne donnerent de plus grands produits qu'en l'an V ; chacun a pu s'en apppercevoir par l'abondance du sel qui n'a plus manqué depuis mon voyage aux salines.

Cependant Briot avance que je suis venu dans les salines exprès pour en faire tomber les produits, afin de les amodier à meilleur compte. Elles n'ont été amodiées qu'en brumaire an VI, et alors elles étaient dans la plus grande activité, aussi le bail fut-il basé sur 700,000 quintaux, quantité que jamais les salines n'ont produit. Le gouvernement tire donc des salines un revenu plus considérable que celui qu'elles donnaient précédemment, et les fermiers n'ont pu compter pour rendre ce produit, que sur les améliorations qu'ils feraient à ces usines.

Depuis leur entrée en jouissance ils n'ont cessé de faire travailler à leurs réparations; ils ont appellé du fond de la Baviere M. Clais, pour leur indiquer les procédés économiques dont il fait usage; ils ont commencé des constructions, d'après ses plans, ils les suivent avec activité; les attaques que la jalousie ou la malveillance dirigent contre leur bail, n'alterent pas la confiance qu'ils ont dans la justice du gouvernement.

Pour prouver que j'ai voulu tromper le gouvernement sur le vrai produit des salines, Briot, avec sa fidélité ordinaire, tronque un passage de mon rapport, page 20, où j'établissais des calculs basés sur le prix de 8 francs le quintal; je partais alors (c'était au commencement de l'an IV) des plus grand produits connus des salines; c'était environ 600,000 quintaux. Je portais d'après l'évaluation juste du produit de chaque saline, 597,748 quintaux, à 8 francs le quintal, à la somme de 4,781,984 francs.

Déduction faite de 3 francs par quintal pour toute espece de dépenses de formation, d'entretiens, de grosses et menues réparations, il restait de produit net 2,988,740 francs.

Dans l'état où étaient alors les salines, on ne pouvait pas porter plus haut leurs produits présumés. Dans le courant de l'an IV et de l'an V, on y avait fait quelques améliorations, et en passant le bail au commencement de l'an VI, on a cru pouvoir porter la fabrication présumée à 700,000 quintaux. Qu'on fasse sur 700,000 quintaux à 10 fr. les calculs que je faisais sur 597,748 quintaux, en déduisant de même 3 fr. pour toutes les dépenses, on trouvera 4,900,000 fr. Le bail produit 5,000,000 fr. On ne s'est donc pas bien écarté de mes calculs; je n'avais donc pas affaibli le produit des salines pour tromper le gouvernement; il n'y avait donc d'autre différence entre mes calculs et ceux sur lesquels est basé le prix du bail, que la différence du prix de 8 fr. à celui de 10 fr., et la quantité de 700,000 quintaux, à laquelle on ne pouvait pas alors porter le produit des salines.

Briot prétend aussi que j'ai fait porter le prix du sel à 14 et 15 fr. le quintal; mais chacun sait qu'on ne le paye que 10 fr. aux salines, et que c'est en vertu d'un arrêté du directoire exécutif, qui existait long-tems avant le bail.

Mon opinion particuliere a toujours été que le gouvernement devrait vendre le sel de ses salines à un prix très-modéré.

Si Briot était de bonne foi, il avouerait qu'il l'a remarqué; car il n'a pas pu voir la page 20 de mon rapport, où il a pris trois lignes isolées, sans voir aussi la note qui est au bas de cette même page; elle est ainsi concue : « La fixation du prix du » quintal de sel à 8 fr. pourra paraître très-élevée, » à raison de la rareté du numéraire; si le gouver- » nement traite du fermage des salines pour un » certain nombre d'années, je pense qu'il doit se » réserver la faculté de rapporter le prix du quintal » de sel à 6 fr. quand il le jugera convenable, et » stipuler de quelle somme sera dans ce cas le » canon du bail; quoique les salines soient une » propriété nationale, de laquelle le gouverne- » ment doit tirer parti, il ne doit pas oublier que » le sel est une denrée de premiere nécessité, sur » laquelle les profits de la république doivent être » modérés ».

Ce n'est donc pas moi qui ai sollicité la fixation du prix du sel à 10 fr. le quintal.

Le directoire exécutif, pressé par les besoins des armées, a vu dans cette augmentation une ressource utile qui n'a excité aucune reclamation; il a élevé le prix du bail en conséquence, et les prétendus 4 fr. par quintal que Briot me fait voler, tournent au profit du trésor public; mais Briot aime mieux m'attaquer que d'attaquer le directoire exécutif qui n'a pas porté le prix du sel à 10 fr. le quintal sans motif.

Ce

Ce n'est que moi qu'il veut rendre odieux, je ne suis que le vingtieme dans la société des salines, le bail n'est pas même fait en mon nom, mais il n'a pas d'intérêt dans ce moment à calomnier mes associés, c'est sur moi qu'il distile son venin.

Qui ne voit pas que les fermiers des salines auraient le plus grand intérêt à ce que le prix du sel fût moins élevé. Lorsqu'il est cher, le sel de mer se vend de préférence dans plusieurs des départemens qui font ordinairement usage du sel des salines, et le leur reste en magasin; cette concurrence ruineuse pour les entrepreneurs des salines n'aurait pas lieu, si leur sel était fixé par le gouvernement à un prix inférieur à celui des sels de mer.

Il est donc absurde de supposer que les fermiers des salines sollicitent contre leur propre intérêt l'augmentation du prix du sel : une clause de leur bail porte que si le gouvernement diminue le prix du sel, le canon du bail diminuera dans la même proportion.

Suivant lui, j'ai commis l'acte le plus immoral, en prenant intérêt dans une société qui traitait avec le gouvernement.

Où est donc l'immoralité d'un pere de quatre enfans, qui après avoir passé plus de six ans au corps législatif, occupé des affaires publiques sans penser aux siennes, prend part à une entreprise utile qu'il a eu occasion de connaître, où il peut rendre encore des services à la chose publique, tout en faisant ses propres affaires.

J'ai donné au gouvernement les renseignemens les plus exacts et les plus étendus sur les salines, ils ont été imprimés et publiés; aucun des orateurs qui ont parlé, pendant deux ans qu'à duré la discussion sur ces usines, aux deux conseils, n'en a contesté la vérité; plusieurs ont cité mon rapport, même ceux qui ne partagaient pas mon opinion sur le mode de leur administration, et Briot qui ne les a jamais vus, prétend que j'en ai dissimulé les produits; mais il ne donnera sur cet objet que des mots qui ne changeront rien aux choses.

Il suffira de rapporter un paragraphe de l'ouvrage dans lequel Briot dit que j'ai voulu tromper le gouvernement (1). Toute personne qui le lira

---

(1) *Extrait du rapport sur les salines, par Besson.*

Moyen de tirer le meilleur parti des salines.

C'est après avoir mûrement réfléchi sur l'administration des salines, sur les détails minutieux et disparates dont elle est composée, que je me suis convaincu que l'affermage de ces manufactures est le seul moyen d'en tirer un parti avantageux pour le gouvernement. Elles exigent une administration paternelle qu'un Etat n'obtient jamais d'une régie. Ce qui est négligé ou perdu dans une administration nationale, procurera à

impartialement se convaincra de la fausseté de Briot.

Les produits des salines sont tellement connus, on a donné sur leur exploitation tant de renseigne-

---

un entrepreneur les plus grands bénéfices. Ainsi ces profits qu'on présente comme une objection à ce système, ne seraient point pris sur la chose même.

Un bail à ferme bien fait, donne au gouvernement un produit annuel certain, sur lequel il peut asseoir ses dépenses. Une régie ne donne jamais que des apperçus, et dans l'instant où l'on croit pouvoir compter sur ses produits, un état de frais de régie, des dépenses extraordinaires, des accidens ou des obstacles qu'on n'a pu surmonter, viennent les absorber.

Les sources salées de la Meurthe sont très-abondantes; et si les combustibles y étaient dans la même proportion, on y fabriquerait plus d'un million de quintaux de sel, dont la plus grande partie exportée nous rapporterait plusieurs millions.

Mais les combustibles qu'on peut destiner aux salines, sans nuire aux usages des autres manufactures et des particuliers, sont bornés à quarante-deux mille arpens, qui produisent annuellement quarante-deux mille cordes de bois. C'est donc d'après la quantité des bois réservés pour ces manufactures, qu'il faut calculer la possibilité de leurs produits, et non d'après la quantité des eaux, dont la plus grande partie s'écoule dans la riviere.

Dans l'état actuel de ces usines, avec les procédés qu'on y emploie, la régie la mieux administrée ne ne saurait faire fabriquer au-delà de quatre cent cin-

mens, durant la discussion au corps législatif, sur le mode de leur administration, que je ne pouvais pas m'attendre à être censuré pour avoir pris part à

---

quante-mille quintaux de sel avec les bois qui y sont affectés.

Je sais qu'au moyen de quelques améliorations dont les salines sont susceptibles, telles que la construction de bâtimens de graduation, la rectification des fourneaux, etc. etc. etc., on peut augmenter considérablement la formation.

Ces constructions exigent du tems et des avances assez considérables.

Si le gouvernement se détermine à les faire, leurs dépenses et les réparations urgentes qui se trouvent à faire actuellement, tant à Moyenvic qu'à Saunot, à la conduite de la saline d'Arc, et aux bâtimens de graduation de Montmorot, emporteront, pendant plusieurs années, une très-grande partie du produit des salines.

Si, au contraire, le gouvernement adjuge ces usines pour quelques années, il en peut tirer plusieurs millions, valeur métallique, annuellement, et charger les adjudicataires de faire les constructions et réparations dont il s'agit.

Si pour traiter de la location des salines, on n'avait d'autres bases que leur produit actuel, il n'y aurait sans doute jamais de moment plus défavorable pour faire une pareille proposition, mais le mauvais état où se trouvent ces usines n'influe nullement sur ce qu'elles peuvent être. Que demain l'intérêt personnel les dirige avec des moyens suffisans, elles seront au moins ce qu'elles étaient.

une entreprise aussi évidemment avantageuse à la république.

En l'an V, qui est l'année où les produits ont

On peut donc exiger qu'un adjudicataire rende une somme proportionnée à la quantité de sel que peuvent produire les combustibles actuellement affectés aux salines.

D'après les procédés accoutumés, une corde de bois suffit à la formation de dix quintaux deux tiers aux salines de la Meurthe. A Salins, dans le Jura, la consommation est plus considérable, parce que la plus grande partie du bois est du sapin, et que les eaux salées y sont évaporées à un degré moins élevé, de sorte qu'avec onze mille cinq cent cordes de bois, on ne fabrique pas au-delà de quatre-vingt-trois mille quintaux, tandis qu'à Arc on fait trente-deux mille sept cent quarante-huit quintaux, pour une consommation de trois mille sept cent quatre-vingts cordes de bois. La consommation de Saunot est exorbitante : on brûle trois mille cordes de bois pour obtenir quatre mille quintaux. Cela vient de la mauvaise construction des fourneaux et du faible degré auquel on fait évaporer ces eaux. Il faut aussi un bâtiment de graduation à côté de cette usine.

Le rapprochement de ces différentes consommations et de ces divers produits donne soixante mille deux cent quatre-vingts cordes de bois, et cinq cent soixante-neuf mille sept cent quarante-huit quintaux de sel.

Les salines de Montmorot et celles de Soulz ne font usage que de charbon de terre. Les premieres forment vingt-six mille, et les dernieres deux mille quintaux.

été les plus élevés, la régie n'a pas donné 3,000,000 de produit net, et le bail les portait à 5,000,000 : voila cependant ce que Briot appelle une ferme dilapidatrice.

Le produit général est de cinq cent quatre-vingt-dix-sept mille sept cent quarante-huit quintaux.

On peut traiter d'après cette base, puisqu'il est constant que les salines peuvent donner ce produit, si elles sont dirigées seulement comme avant la révolution. Mais il faut deux choses encore, pour connaître la somme que ce produit en nature doit donner de revenu net :

1°. La fixation du prix du quintal de sel pris aux salines ;

2°. Celle du montant de la dépense de formation, y compris les entretiens, grosses et menues réparations.

Si, par exemple, on fixe le prix du quintal de sel pris aux salines, à 8 liv., le produit brut de cinq cent quatre-vingt-dix-sept mille sept cent quarante-huit quintaux, sera de 4,781,984 liv. *

Si on évalue les dépenses de formation, les entretiens, les grosses et menues réparations, à trois livres

* La fixation du prix du quintal de sel à 8 liv. pourra paraître très-élevée, à raison de la rareté du numéraire. Si le gouvernement traite du fermage des salines pour un certain nombre d'années, je pense qu'il doit se réserver la faculté de rapporter le prix du quintal de sel à 6 liv. quand il le jugera convenable, et stipuler de quelle somme sera, dans ce cas, le canon du bail. Quoique les salines soient une propriété nationale de laquelle le gouvernement doit tirer parti, il ne doit pas oublier que le sel est une denrée de première nécessité, sur laquelle les profits de la république doivent être modérés.

Le directoire exécutif n'avait pas seulement à ménager dans le bail l'intérêt pécuniaire du gouvernement; il ne pouvait pas oublier les rapports de

---

par quintal, il restera de produit net la somme de 2,988,740 liv.

On pourrait donc, en partant de ces bases, exiger cette somme de fermage annuel, après avoir toutefois discuté le prix de 3 liv. par quintal, pour faire face aux dépenses de toute espece.

On a aussi, pour se fixer sur ce point, une donnée assez certaine par les états des dépenses de plusieurs années, faits avec grand soin par ordre de la ferme générale. On voit qu'alors ces dépenses n'atteignaient pas 40 sous par quintal, et c'est à raison de la progression du prix des denrées, de la rareté des bras et du bétail, que je porte hypothétiquement cette dépense à 3 liv., ce qui est, suivant mon opinion, le plus haut taux auquel on puisse l'élever; c'est d'ailleurs pour ne pas présenter un revenu inférieur à ce qu'il sera réellement.

Les partisans du systême de laisser les salines en régie prétendent qu'un fermier ne verra que son intérêt, et qu'il épuisera les salines.

Je conviens qu'il serait illusoire de penser qu'un fermier abandonnera son propre intérêt; mais je soutiens que, dans cette partie, l'intérêt public est tellement lié avec celui du fermier, que plus il s'occupera de l'un, mieux il servira l'autre.

En effet, si, au lieu de six cents mille quintaux de sel, il parvient à en faire sept à huit cents mille, les citoyens seront bien plus assurés de n'éprouver aucun

cette exploitation avec la politique intérieure et extérieure ; il ne voulait en traiter qu'avec des citoyens en qui il avait confiance ; il est fâcheux que

---

déficit dans leurs approvisionnemens ; et si cet excédent est vendu à l'étranger, il augmente nos moyens d'exportation.

Il faudrait n'avoir pas la moindre idée de nos salines, pour en craindre l'épuisement. Ce sont des fontaines d'eau salée dont l'abondance est telle, que leurs produits ne peuvent être entierement évaporés, faute de combustible. Quand on pourrait évaporer toutes les eaux de cès sources, chacun sait que le produit du jour d'une fontaine n'a aucune influence sur celui du lendemain. Ainsi, il est ridicule d'avancer qu'un usufruitier peut épuiser les salines (1).

On dit aussi qu'il ruinera les bâtimens : mais cette objection n'est pas plus sérieuse ; par-tout on donne à loyer des bâtimens, et par-tout on fait prendre les précautions nécessaires pour engager la responsabilité de ceux qui en jouissent. On fait une reconnaissance contradictoire de leur état à l'entrée du fermier : on l'oblige à tous entretiens, menues et grosses réparations ; et si le bail doit durer long-tems, on convient qu'il sera fait périodiquement des reconnaissances de leur état ; que, si le fermier néglige les réparations reconnues nécessaires pendant un tems déterminé, elles se-

(1) Les sources des salines sont tellement impossibles à perdre, comme ont voulu le dire quelques personnes, qui sans doute ne les connaissent pas bien, que dans l'etendue d'environ une lieue, dans la vallée de la Seille, près les salines de la Meurthe, on peut creuser par-tont un puits qui donne, à environ trente pieds de profondeur, de l'eau salée à treize degrés.

ce soit un crime aux yeux de Briot d'en avoir été honoré. On sait que certain parti voudrait déverser

---

ront faites à ses frais, à la diligence des agens nommés *ad hoc* par le gouvernement.

A la fin du bail, les choses doivent être rendues au même état. On détermine dans le bail si les améliorations seront payées, ou si, en considération de la durée du bail, ou pour toute autre raison, elles demeureront totalement au profit du gouvernement; il n'y a rien que de très-ordinaire dans de pareilles stipulations.

Il n'est pas plus difficile de parer à toute espece d'abus de la part des fermiers sur l'article des bois. La quantité de bois affectés à l'usage des salines est déterminée dans la Meurthe : les coupes sont aménagées.

C'est à l'administration forestiere qui aura ces forêts dans son arrondissement, à veiller à ce qu'il ne se commette aucune anticipation. On ne saurait enlever secrettement une grande quantité de bois. C'est à-peu-près comme si l'on répugnait de vendre à un marchand une coupe de bois, dans la crainte qu'il n'enlevât la coupe voisine.

On a dit aussi que peut-être l'adjudicataire n'aurait pas le talent de faire du sel. Ceci ne mérite pas de réponse.

Ce qui détruit toutes ces vaines objections, c'est un bon cautionnement en especes, dont il faut exiger le dépôt entre les mains du gouvernement; par exemple, le montant du revenu d'une année.

l'infamie et le mépris sur tous ceux qui contribuent à maintenir les ressources du gouvernement, il

---

Peut-on imaginer qu'une compagnie qui aurait déposé environ 3 millions, valeur métallique, voulût s'exposer à enfreindre ses engagemens ?

On a dit aussi qu'une compagnie qui aurait le bail des salines, acheterait tous les bois à vendre dans leur voisinage, et en amenerait infailliblement la disette, par l'avantage avec lequel elle pourrait les consommer, que par conséquent elle les paierait plus cher que tout autre consommateur.

Je réponds d'abord qu'elle ne pourrait pas les tirer de bien loin, à raison des frais et des difficultés de transport : mais, pour éviter toute difficulté et toute crainte à cet égard, qu'on défende à l'adjudicataire d'acheter aucune espece de bois. Son bail n'étant bâsé que sur les bois affectés aux salines, c'est à lui à en tirer le meilleur parti possible. Vous lui interdirez toute autre consommation : il n'y aura plus de prétexte de se plaindre. Cette défense aura le triple avantage d'éviter les réclamations bien ou mal fondées, de forcer l'industrie du fermier à employer des procédés plus économiques, ou à rechercher des combustibles fossiles pour suppléer au bois.

Déja l'on a employé avec avantage aux salines de la Meurthe des charbons de terre de *Nassau-Sarbruch* : mais la distance de quinze lieues et la rareté des moyens de transport affaiblissent beaucoup l'espérance de cette ressource dans les circonstances où nous sommes.

Le cit. Gillet Laumont, dont les connaissances en

cherche à les abreuver de dégoûts, et à les accabler d'incertitudes, par des attaques périodiquement combinées, qui ont toujours au moins le mauvais effet de leur enlever le crédit, et de détruire la confiance dans les opérations du gouvernement.

Il voudrait éloigner ainsi de lui les hommes honnêtes, sur le dévoûment desquels il peut compter, pour faire passer dans les mains des dilapidateurs et des intrigans les entreprises les plus importantes, et paralyser à volonté, et quand il en serait tems, l'action du directoire exécutif :

---

minéralogie inspirent la plus grande confiance, a dirigé dans la Meurthe des recherches de charbon de terre. Il a trouvé, à peu de distance des salines, des indications qui lui ont paru mériter d'être suivies; mais jusqu'ici on n'a rien obtenu de réel. Je pense que le gouvernement doit, ou continuer ces recherches lui-même, ou engager par quelques moyens les adjudicataires des salines à les poursuivre.

La mine du Grand-Denis. district d'Ornans, à onze lieues de Salins, pourrait aussi suppléer au bois pour cette saline; mais il faudrait faire un chemin ferré pour y arriver : les localités ne présentent aucun obstacle extraordinaire. Cette ressource ne présenterait pas beaucoup d'avantages pour l'économie pécuniaire, l'éloignement élevant les frais de transport à-peu-près au prix du bois; mais le bois resterait pour d'autres usages. Je pense aussi que le gouvernement doit traiter de maniere que l'intérêt des adjudicataires les porte à faire usage de ce charbon.

cette maniere de l'attaquer n'est pas la moins perfide.

Mais passons à des prétendus faits passés depuis mon arrivée à Besançon, le 25 pluviôse dernier.

« Briot avance qu'au moment de mon arrivée » à Besançon, je me suis réuni aux royalistes, » que j'ai annoncé que j'étais revêtu de pleins » pouvoirs pour destituer tous les fonctionnaires » publics; que j'ai annoncé dans un café que » j'allais bouleverser tout le département; que » j'ai dit que Quirot et Briot sont des *brigands* » et des *coquins*. Qu'aussitôt la commune de » Besançon est livrée aux plus grandes agita- » tions; les ennemis de la république proclament » la contre-révolution, la prochaine dissolution » du corps législatif; le *Réveil du Peuple* se fait » entendre, des poignards sont préparés; ces » bruits se portent avec la rapidité de l'éclair » dans tout le département; en un instant la » tranquillité est détruite, les événemens les » plus désastreux s'annoncent; il était bien juste » que le ci-devant district dont Besson était » originaire, éprouvât les premiers bienfaits de » sa présence, et le citoyen Amiot, juge de paix » du canton de Nods, pere de huit enfans, » homme probe et généralement estimé, tombe » percé de trois coups de fusil, et expire à » l'instant sous les coups des royalistes, qui se

» donnent encore le barbare plaisir de tremper » trente sabres dans son sang (1).

C'est par de semblables récits qu'on a excité

(1) Besançon, le 10 ventôse, l'an 7 de la République Française.

Le lieutenant de la gendarmerie nationale à Besançon, au cit. Mourgeon, commissaire du Directoire exécutif près l'administration centrale du département du Doubs.

« Je suis arrivé, citoyen, hier à portes fermantes, venant des communes de Nodz et Vernierfontaine, endroits dans lesquels je me suis transporté le 4 de ce mois, où j'ai resté jusqu'au 9, pour y faire des informations préliminaires, relativement à l'assassinat qui a été commis le 3 du présent, sur la voie publique, et à huit pas de la route qui conduit de Vernierfontaine à Nodz, sur la personne du cit. Nicolas Amiot, juge de paix du canton de Nodz. Il résulte des déclarations que j'ai reçues de plusieurs particuliers de Vernierfontaine et de Nodz, que le cit. Trouillet, ex-juge de paix du canton de Nodz, demeurant à Chanans, est violemment soupconné d'avoir été l'auteur de cet assassinat, en ce qu'il a été déclaré que Trouillet était l'ennemi juré d'Amiot; que ce premier lui avait juré une haine implacable, parce qu'Amiot avait été son successeur en qualité de juge de paix, aux dernieres assemblées primaires; parce qu'aussi Amiot avait décerné un mandat d'arrêt contre Trouillet, comme prévenu d'avoir signé des certificats de résidence à deux émigrés.

Une autre déclaration porte, que ledit Trouillet est venu le 3 ventôse à sept heures du matin à Vernier-

les mesures les plus révolutionnaires, dans le tems qu'on a désolé des départemens, en trompant

---

fontaine, et qu'il s'est informé si le juge de paix Amiot viendrait pendant le jour audit lieu de Vernierfontaine.

D'autres déclarations portent que Trouillet a guetté pendant ledit jour après quelqu'un à Vernierfontaine, où était alors le juge de paix Amiot.

D'autres déclarations portent, qu'on a vu Trouillet à 7 et à 8 heures du matin du 3 de ce mois, faire un crochet autour du village de Vernierfontaine, paraissant tout effaré.

Enfin, j'ai remarqué que l'assassinat avait été effectué depuis le derriere d'un mur, à huit pas de la grande route, où il paraît que les assassins étaient au nombre de deux, attendu qu'il a été remarqué, et qu'on a suivi les pas sur la terre mouvante; que les semelles des souliers de l'un portaient la longueur de onze pouces, et ceux du second de la longueur de dix pouces; qu'après l'assassinat, ils ont pris le chemin de Chanans à travers les champs.

Je vous observe que le procès-verbal de rapport de l'officier de santé porte que le cadavre a reçu un coup de fusil à travers le corps, et cinq coups d'instrument tranchant et pointu, qui lui ont également traversé le corps.

Sur ces fortes présomptions, j'ai pris le parti de décerner, le 9 du présent mois, un mandat d'amener pardevant le directeur du jury de l'arrondissement de Baume, contre le citoyen Benigne Trouillet, ex-juge de paix du canton de Nodz, demeurant à Chanans, et j'ai adressé, par ordonnance, toutes les pieces relatives à cette affaire au directeur du jury à Baume. »

Salut et respect, COULET.

l'autorité supérieure sur leur vraie situation politique.

Mais aujourd'hui on craint de n'être pas cru sur parole, on ajoute à l'infamie d'annoncer des faits faux, celle plus noire encore, d'en revêtir le récit d'une apparence d'authenticité; C'est un fonctionnaire public, c'est l'homme même à qui le directoire avait donné sa confiance, c'est son commissaire près l'administration municipale, c'est Chazerand qui abuse de l'autorité que lui donne sur les commissaires de police l'emploi que le directoire lui a confié; il leur fait signer un procès-verbal qu'il a rédigé, dans lequel il présente cette commune tranquille, comme en proie aux fureurs contre-révolutionnaires; il arme les royalistes de sabres et de pistolets, les patriotes désolés sont en fuite, on y chante le réveil du peuple, on y crie vive le roi, etc.; et toutes ces horreurs sont dues à l'arrivée d'un ex-représentant du peuple, qu'on ne nomme pas; mais il n'en est est pas venu d'autre dans ce tems que moi.

Quelqu'idée que l'on ait de la scélératesse d'un homme, on ne peut pas croire qu'il la porte au point d'oser avancer des faits de cette importance contre la notoriété publique. Dans cette commune, personne n'a été dérangé que les administrateurs du département et de la municipalité, qui ont cédé fort tranquillement leurs places à leurs successeurs; les réunions clandestines et nocturnes, qui n'ont pas cessé d'avoir lieu dans leurs rendez-vous accoutumés, en sont bien la preuve; l'étonnement a été si grand lorsqu'on a vu ce procès-verbal dans le pamphlet de Briot, qu'on le regardait comme une piece supposée, qui n'avait jamais été envoyée d'ici. Mais ceux qui l'avaient signé par condescendance pour leur ami Chazerand, effrayés du résultat que pouvait avoir sa publicité, dans un lieu où elle trouverait autant de contradicteurs que d'auditeurs, se sont empressés de rétracter authentiquement leurs signatures, de déclarer qu'ils n'étaient point les rédacteurs de cette imposture; que Chazerand, leur supérieur, leur avait présenté cet écrit en leur enjoignant de le signer. Je ne m'explique pas sur ces faciles instrumens du crime; mais le premier auteur de cette imposture audacieuse, dont la turpitude est dévoilée par cette déclaration, ose-t-il encore se montrer parmi ses concitoyens. De quoi n'est pas capable l'homme qui cherche ainsi à tromper le gouvernement (1)?

(1) L'an 7 de la République française, une et indivisible, le 29 ventôse, par-devant nous président et membres de l'administration municipale de la commune de Besançon, s'est présenté le citoyen Voisard, commissaire de police de la section de l'Egalité, lequel,

Mais si les faits allégués dans le procès-verbal étaient vrais, quel était le devoir de Chazerand ? C'était d'en instruire l'officier de police judiciaire

---

sur l'interpellation qui lui a été faite par le commissaire du directoire exécutif près ladite administration, de s'expliquer sur les faits contenus en un procès-verbal, signé par le commissaire de police alors en activité et par lui-même, à la date du 1er ventôse courant, dans lequel il est dit que, depuis l'arrivée du citoyen Besson dans cette commune, on a entendu chanter le Réveil du Peuple et pousser des cris de *vive le roi !* si ces faits lui sont connus, et s'il connaît aussi celui qui a rédigé ledit procès-verbal.

Répond qu'il se rappelle que le citoyen Chazerand fit signer aux commissaires de police le procès-verbal dont il s'agit, qu'il l'a signé lui-même sans l'avoir lu, parce qu'il y voyait déjà les signatures de plusieurs de ses confreres ; mais que lui-même n'a point entendu, ni avant ni après l'arrivée du citoyen Besson, chanter le Réveil du Peuple, ni pousser des cris de *vive le roi !* qu'il croit que ledit procès-verbal a été écrit de la main de Mairot son ancien collegue ; ajoute que le citoyen Chazerand a déclaré qu'il avait des témoins de tous les faits contenus audit procès-verbal, et qu'il en faisait son affaire. Dont procès-verbal que ledit citoyen Voisard a signé avec nous après lecture.

Signés *Voisard*. *Jarry*, président ; *Grillet*, *Jussy*, *Louis*, *Saint-Agathe*, *Barbaud*, *Daclin*, administrateurs municipaux ; *Baroudel*, secrétaire en chef.

Et de suite est comparu le cit. Ruolt, commissaire de police de la section du Capitole, lequel, interpellé

pour faire informer, et d'en donner connaissance au ministre de la police générale; voilà sans doute ce qu'aurait fait en pareil cas un commissaire du

---

de s'expliquer sur les faits détaillés d'autre part, a répondu qu'il se rappelle avoir signé le procès-verbal dont il s'agit, sans l'avoir lu et de confiance, parce qu'il y voyait la signature de plusieurs de ses collegues, et que lui-même n'avait aucune connaissance personnelle des faits qui y étaient contenus. Dont procès-verbal que ledit cit. Ruolt a signé avec nous après lecture.

Signés *Ruolt. Jarry*, président; *Grillet*, *Jussy*, *Louis*, *Saint-Agathe*, *Barbaud*, *Daclin*, administrateurs municipaux; *Baroudel*, secrétaire en chef.

L'an 7 de la République Française, une et indivisible, le 29 ventôse, par-devant nous président et membres de l'administration municipale de la commune de Besançon, s'est présenté le cit. Detrey cadet, commissaire de police de la section de la Constitution, lequel, sur l'interpellation qui lui a été faite par le commissaire du Directoire exécutif près ladite administration, de s'expliquer sur les faits conrenus en un procès-verbal dressé et signé par les commissaires de police et lui-même, à la date du premier ventôse courant, dans lequel il est dit que, depuis l'arrivée du cit. Besson en cette commune, on a entendu chanter le *Réveil du Peuple* et pousser des cris de *vive le roi!* si ces faits lui sont connus, et s'il connaît aussi celui qui a rédigé ledit procès-verbal.

Répond qu'un jour le cit. Chazerand entra au bureau des commissaires de police, et jetta sur la table

directoire bien intentionné, mais l'on n'est pas dupe de cette manœuvre, il est facile d'en voir le but; on redoutait les renseignemens que je pourrais

---

un procès-verbal, en disant : Voilà ce qu'il faut signer; que lui Detrey, voyant déjà sur cet acte la signature de Delcey et d'autres commissaires, y apposa la sienne de confiance; mais qu'il n'a point entendu, ni avant, ni après l'arrivée dudit cit. Besson, chanter le *Réveil du Peuple* et crier *vive le roi !* Dont procès-verbal que ledit cit. Detrey a signé avec nous après lecture.

Ajoute qu'il n'a pas vu le cit. Chazerand mettre le procès-verbal sur le bureau, que ce sont ses confreres qui le lui ont dit; ajoute de plus qu'il ignore quel est celui qui a rédigé ledit procès-verbal.

Signés *Detrey cadet. Jarry*, président; *Daclin, Jussy, Louis, Saint-Agathe, Barbaud*, administrateurs municipaux; *Baroudel*, secrétaire en chef.

Et de suite est comparu le cit. Delcey, commissaire de police en la section de la Fraternité, lequel interpellé de s'expliquer sur les mêmes faits, a répondu qu'il se rappelle parfaitement que ledit cit. Chazerand a fait signer aux commissaires de police le procès-verbal dont il s'agit, à la date du premier du courant; que lui Delcey demanda à haute voix, au bureau du cit. Chazerand, qui est-ce qui pourrait répondre de la vérité des faits y contenus, sur-tout en ce qui concerne le café Douhaint; à quoi ledit cit. Chazerand répondit : c'est moi qui m'en charge; que lui Delcey croit que c'est Mairot qui a dressé ledit procès-verbal; mais qu'il n'a point entendu, ni avant ni après l'arrivée

donner au gouvernement. Il fallait me perdre dans son esprit, et on imaginait qu'un pareil acte présenté par Briot, produirait immanquablement cet

---

de Besson, chanter le *Réveil du Peuple* et pousser les cris de *vive le roi !* Dont procès-verbal que ledit cit. Delcey a signé avec nous après lecture.

Ajoute que le cit. Mairot et le cit. Desprès fils, étaient présens.

Signés *Delcey*, *Jarry*, président; *Saint-Agathe*, *Jussy*, *Louis*, *Barbaud*, *Grillet*, *Daclin*, administrateurs municipaux; *Baroudel*, secrétaire en chef.

Instamment s'est présenté le cit. Jacquemard, commissaire de police de la section des Victoires, lequel, interpellé de s'expliquer sur les mêmes faits, a répondu qu'il se rappelle d'avoir signé le procès-verbal dont il s'agit; que le cit. Chazerand l'envoya même chercher à cet effet, et lui dit : voilà un procès-verbal qu'il faut signer; qu'il ne croit pas qu'on y ait parlé des cris de *vive le roi !* et que lui-même n'a point entendu, ni avant ni après l'arrivée du cit. Besson, chanter le *Réveil du Peuple*, ni pousser les cris de *vive le roi !* qu'il croit que ledit procès-verbal est écrit de la main de Mairot son ancien collegue. Dont procès-verbal, que ledit cit. Jacquemard a signé avec nous après lecture.

Ajoute ledit cit. Jacquemard qu'il n'a entendu signer autre chose, si ce n'est que ledit cit. Besson était arrivé, et que le bruit courait qu'il destituerait les officiers municipaux.

Signés *Jacquemard*. *Jarry*, président; *Louis*, *Jussy*, *Saint-Agathe*, *Daclin*, *Barbaud*, *Grillet*, administrateurs municipaux; *Baroudel*, secrétaire en chef.

effet : on n'aurait jamais su par quelle fourberie on était parvenu à tromper le gouvernement ; le rédacteur et les signataires du faux procès-verbal n'auraient jamais été connus, on aurait été débarrassé de moi, et le triomphe eût été complet ; la sagesse du gouvernement a su déjouer cette manœuvre comme tant d'autres.

Ce n'était pas encore assez pour Briot de m'attribuer la prétendue contre-révolution de Besançon ; un événement malheureux arrive à six lieues d'ici, un juge de paix voyageant de nuit avec une autre personne, est tué d'un coup de fusil. Dès le lendemain on y envoie un officier de police judiciaire pour informer contre les auteurs de cet horrible attentat, et de la force armée pour protéger les informations. Il résulte du procès-verbal de cet officier, et de la notoriété publique, que cet assassinat est un crime particulier, qu'il n'y a eu aucun attroupement, que la plus parfaite tranquillité regne dans le canton, et qu'on n'a pu avoir que des soupçons assez vagues contre un seul citoyen, contre lequel a été décerné un mandat d'amener. Briot s'empare de ce malheureux événement, il le transforme en un attroupement de royalistes, il n'a reçu qu'un coup de fusil, il lui en fait donner trois ; le procès-verbal porte que l'assassin a eu l'atrocité de lui donner cinq coups du sabre qu'il portait lui-même pour sa défense ; Briot dit que trente royalistes ont trempé leurs sabres dans son sang. Qu'on approche le flambeau de la vérité des faits que Briot se plaît à exagérer, toute la prétendue réaction disparaît. (Voyez le procès-verbal de l'officier de police judiciaire page 30).

Il dit, page 25, que je me suis fait inscrire au canton d'Amancey, pour avoir droit d'y voter. Je n'ai jamais eu d'autre domicile, j'y ai toujours payé toutes especes d'impôts, je n'avais pas besoin de nouvelle formalité.

Que j'ai vendu un moulin à une femme de Marnai pour 30,000 francs. Je n'ai pas eu d'autre propriété que celles dont j'ai parlé plus haut, et je n'ai rien vendu à qui que ce soit; mais Briot avait encore besoin de ce mensonge.

Si je suis un Crésus si opulent, comment serais-je obligé de vendre mes propriétés pour en employer le prix à la noble destination que Briot suppose si honnêtement. Je pourrais bien relever d'autres contradictions et détruire d'autres impostures : tout ce que dit Briot relativement à ma conduite en mission, à ma prétendue intelligence avec Saladin, avec Rovere, est de la plus insigne fausseté. Qu'il demande au représentant du peuple Auguis, si c'est Rovere qui a proposé que je fusse envoyé en mission à Bordeaux; qu'il interroge les citoyens de cette grande commune sur la conduite que j'y ai tenue. Il y a plusieurs représentans du peuple dans le corps législatif actuel qui étaient alors à Bordeaux; qu'ils disent s'il y a eu dans leur département le moindre acte réactionnaire durant tout le tems de ma mission, et si j'y ai professé les principes de Rovere et de Saladin.

Il attaque dans le même libelle les citoyens que le directoire vient d'appeler aux fonctions publiques; les impostures qu'il débite contr'eux sont du même genre que celles que je viens de réfuter, ils sauront y répondre, et il résultera du libelle de Briot un grand jour sur sa conduite; ce qui pourra faire autant de bien qu'il avait d'intention de faire de mal à ceux qu'il a attaqués.

L'administration centrale du département du Doubs, atteste que les faits rapportés par le citoyen Besson, ex-représentant du Peuple, pages 6, 7, 8 et 9 de sa réponse au libelle intitulé : *Premiere notice sur les causes de la réaction dans le département du Doubs;* par P. J. Briot, siégeant au conseil des cinq-cents, relativement à l'arrêté du département du 20 décembre 1792 et à celui concernant l'ordonnance de deux mille livres accordées au citoyen Besson son parent, sont conformes aux registres et aux pieces concernant ces objets.

Fait à Besançon, le 18 germinal, an 7 de la République Française une et indivisible. *Signé* HERARD, *président;* GRAND-JACQUET, BONARD, MICAUD, JANSON et HANNIER, *secrétaire en chef.*

A. BESSON.

A Besançon, le 12 germinal an 7.

www.ingramcontent.com/pod-product-compliance
Lightning Source LLC
LaVergne TN
LVHW020244230826
846091LV00006B/2228

9782013254519